AF360650

LES VALETS

DE CAMPAGNE,

COMÉDIE

EN UN ACTE, MÊLÉE DE VAUDEVILLES,

Par M. GERSIN;

Représentée pour la première fois, à Paris, sur le Théâtre du Vaudeville, le 12 Frimaire an 14 (3 Décembre 1805).

A PARIS,

Chez Mad. MASSON, Libraire, Editeur de pièces de théâtre, rue de l'Echelle, N. 10, au coin de celle Saint-Honoré.

1806.

PERSONNAGES.

GRICHARD. — M. *Edouard.*

JULIE ; sa pupille. — Mad. *Thésigni.*

GERMEUIL. — M. *Armand.*

SUZETTE , servante de Grichard. — Mad. *Hervey.*

BLAISE , jardinier. — M. *Hypolite.*

La scène se passe à quelques lieues de Paris, devant la maison de M. Grichard.

S'adresser pour la Musique de ce Vaudeville, à M. Wicht, chef de l'orchestre, rue du Lycée.

LES
VALETS DE CAMPAGNE.

SCENE PREMIERE.

JULIE *seule.*

C'est envain que je cherche en cultivant ces fleurs,
quelques distractions à mes peines. Mon cœur est tout à
Germeuil, et je ne puis penser qu'à lui. Son absence,
au lieu de détruire ma tendresse, semble l'augmenter
chaque jour. Mon tuteur veut me persuader qu'il m'a-
bandonne, qu'il m'est infidèle, mais je ne puis le croire...
Non, non Germeuil n'a pas trahi ses sermens, il m'aime,
et m'aimera sans cesse... Doux espoir, flatteuse illusion,
reste toujours dans mon cœur.....

Romance chantée par Solié dans le Fils adoptif.

L'espérance fait le bonheur,
Elle est notre plus douce amie.
C'est par elle que dans la vie
On voit un terme à son malheur.
Germeuil, par sa cruelle absence,
Chaque jour déchire mon cœur;
Mais j'espère dans sa constance...
Ainsi, pour calmer la douleur,
Le ciel nous donna l'espérance.

Mon tuteur cruel et jaloux,
Pour s'assurer de ma tendresse
Prétends me retenir sans cesse
Sous les grilles, sous les verroux.
Par mon amour, par ma constance,
J'espère vaincre sa rigueur,
Et je souffre avec patience...,.
Ainsi, pour calmer la douleur,
Le ciel nous donna l'espérance.

J'entends du bruit..... c'est Blaise le Jardinier ; Susette est avec lui; ils sont tous deux dévoués à mon
tuteur, leur présence m'importune, retirons-nous pour
les éviter. (*Elle rentre dans la maison de Grichard*).

SCENE II.

BLAISE, SUZETTE.

BLAISE.

Non morgué, je ne le veux pas; et je te guetterai, je
t'en avertis.

SUZETTE.

Tu me guetteras?.... Mais voyez un peu ce bourru! il me parle comme si j'étais déjà sa femme!

BLAISE.

Si je ne suis pas encore ton mari, je suis ton accordé; est-ce que tu prends ça pour des badineries? crois-tu que c'est bien régalant pour moi, de te voir toute la journée courir dans ce village au milieu de tous ces garçons, rire avec l'un, batifoler avec l'autre, donner des tapes à celui-ci, pincer celui-là?

SUZETTE.

Faut-il rudoyer tout le monde! Ils me font des politesses, ces garçons. . tu veux donc que ça me déplaise, ça n'est pas juste.

Air : *Ça fait toujours plaisir.*

A l'amant qui l'engage
Une fille d'honneur,
Doit donner sans partage
Et sa main et son cœur.
Mais plaire à tout le monde,
Sans efforts réussir,
Et pouvoir à la ronde
Eveiller le désir,
Ça fait, ça fait toujours plaisir.

BLAISE.

Eh bien, ce plaisir-là ne me plaît pas du tout à moi.

SUZETTE.

C'est que tu as un mauvais caractère.

Duo *de Wicht.*

BLAISE.

Allez coquette.

SUZETTE.

Allez jaloux.

BLAISE.

Je romps avec vous pour la vie.

SUZETTE.

Je ne veux plus vivre avec vous.

BLAISE.

Avoir tant de coquetterie!

SUZETTE.

Avoir autant de jalousie!

BLAISE.

Chacun de vous se moquera.

(5)

SUZETTE.

Au doigt chacun vous montrera.
Adieu monsieur.

BLAISE.

Adieu mamz'elle.

(*A part*).
J'avais tant d'amitié pour elle.

SUSETTE (*à part*).

Pour lui j'éprouvais tant d'amour.

BLAISE. SUZETTE.

Me jouer un si mauvais tour.
C'est me forcer d'être infidèle.

SUZETTE.

Si Blaise entre nous,
Etait moins jaloux,

BLAISE.

Si pourtant Suzette
Etait moins coquette,

SUZETTE.

Je l'excuserais.

BLAISE.

Je l'adorerais.

SUZETTE.

Tu me croirais toujours sincère?

BLAISE.

Assurément.
A moi seule tu voudrais plaire!

SUZETTE.

Certainement.

Ensemble.

BLAISE.	SUZETTE.
Renonce à la coquetterie,	Si tu n'as plus de jalousie,
Je n'aurai plus de jalousie,	Je serai sans coquetterie,
Mon cœur t'en fait le serment.	Mon cœur t'en fait le serment.

BLAISE.

Ah çà, nous v'là bien d'accord, n'est-ce pas?

SUZETTE.

Tu sais bien que ce n'est jamais moi qui cherche noise.

BLAISE.

Tiens, Suzette, il y a encore quelque chose qui me chiffonne l'imagination.

SUZETTE.

Conte-moi çà, mon petit Blaise!

BLAISE.

Qu'est-ce que c'est que cet officier que j'ai vu roder ce matin dans ce village, et qui s'est arrêté deux ou trois fois devant notre maison?

SUZETTE.

Maudit jaloux! tu ne te corrigeras donc jamais?

BLAISE.

Je ne te parle pas de ma jalousie, je te demande ce que c'est que ce militaire? te connaîtrait-il par hazard?

SUZETTE.

Allons donc, est-ce que des officiers pensent à une pauvre fille comme moi. Je ne l'ai pas vu, ton officier : je ne sais pas tant seulement de quelle couleur il est : et si quelqu'un rode ici, c'est bien plutôt pour notre jeune maîtresse, que M. Grichard veut tenir renfermée là-dedans, jusqu'à ce qu'il l'ait épousée.

BLAISE.

Tu penses donc qu'il l'épousera?

SUZETTE.

Dame, il espère : et sur-tout depuis qu'il est parvenu à lui faire croire à l'infidélité de son amant, de ce monsieur Germeuil, qui un beau matin l'a planté là, et est parti avec son régiment, sans seulement lui dire adieu.

BLAISE.

Sans lui dire adieu? c'est plus délicat, plus honnête.

SUZETTE.

Bah!

BLAISE.

Sans doute.

Air : *vaudeville de l'Opera Comique.*

Lorsqu'au village un amoureux
Quitte l'objet de sa tendresse,
Il fait, par ses tendres adieux,
Verser des pleurs à sa maitresse ;
A la ville ce n'est plus çà,
Un amant sait mieux s'y conduire;
Pour ne pas dire qu'il s'en va,
Il s'en va sans rien dire.

SUZETTE.

Eh bien, je n'aimerais pas me voir quitter comme çà, moi, et je ne suis pas étonnée que mademoiselle Julie soit si fâchée contre ce monsieur Germeuil.

B L A I S E.

Mais si elle est si fâchée contre lui, pourquoi monsieur Grichard veut-il qu'elle ne voie personne, que
personne ne lui parle?....

S U Z E T T E.

Pourquoi? pourquoi? çà nous regarde-t-il! çà? nous
sommes ses jardiniers : il nous donne de bons gages, et
c'est clair que c'est un honnête homme. N'allons donc
pas nous mêler de ses affaires, de peur de nous faire ren-
voyer de ma chez lui l'un ou l'autre.

B L A I S E.

Tu as raison, j'aurais morgué trop de chagrin d'être
séparé de chère Suzette.

S U Z E T T E.

Et moi, de mon petit Blaise.

B L A I S E.

Tu m'aimes donc bien ?

S U Z E T T E.

Ne dois-tu pas être mon mari ?

B L A I S E.

Air : *J'étais bon chasseau autrefois.*

Puisque mon bonheur est certain,
Que de toi j'en ai l'assurance,
Sur les plaisirs de notre hymen
Donne-moi deux baisers d'avance.

S U Z E T T E.

Non, non, soyez plus retenu,
L'hymen a des règles bisarres :
C'est souvent un marché rompu,
Quand la fille a donné des arrhes.

B L A I S E.

Eh bien, marions-nous tout de suite.

S U Z E T T E.

Ah! nous marier; c'est bientôt dit.

B L A I S E.

Çà sera aussi bientôt fait, si tu veux.

S U Z E T T E.

Oh! tu sais bien que nous n'avons pas encore tout ce
qu'il nous faut.

B L A I S E.

Ce n'est pas l'amour qui nous manque, toujours.

SUZETTE.

Non. mais c'est pis, de l'argent.

SCENE III.

BLAISE, GRICHAD, SUZETTE.

GRICHARD (*il est entré en écoutant*).

Mes amis, je vous en donnerai.

SUZETTE.

C'est bien poli, cette parole-là, monsieur.

BLAISE.

C'est bien honnête de votre part, au moins.

GRICHARD.

Mais à condition que vous me servirez fidélement.

SUZETTE.

C'est trop juste çà, monsieur, comptez sur notre zèle.

BLAISE.

Notre dévouement.

SUZETTE,

Notre attachement.

GRICHARD.

Oui, oui, j'y compte ; je ne suis pas de ces gens qui
ne croyent pas à la vertu.

Air : *du Petit Matelot.*

On dit maintenant que les hommes,
N'ont que l'égoïsme pour loi ;
Et que dans le siècle où nous sommes,
Chacun n'aime et ne sert que soi.
Ces propos sont des injustices ;
Dans ces temps qu'on veut décrier,
C'est à qui rendra des services,
Aux gens qui peuvent les payer.

BLAISE.

Eh mais ! çà n'est vraiment pas trop bête.

GRICHARD.

Ecoutez.... savez-vous pourquoi j'ai renvoyé d'ici
André et Rosette qui y étaient avant vous ?

SUZETTE.

Peut-être bien parce qu'ils avaient refusés quelques
présens que vous vouliez leur faire ?

BLAISE.

Cela se pourrait bien, ma foi.

GRICHARD.

Ce n'est pas cela : Rosette était une curieuse.

SUZETTE.

Oh ! le vilain défaut pour une fille.... Qu'est-ce donc qu'elle voulait savoir, monsieur ?

GRICHARD.

Cela ne te regarde pas. André était un valet infidèle, qui s'était laissé corrompre par de l'argent.

BLAISE.

V'là comme ils sont tous ces gens de Paris. Qu'est-ce donc qu'on lui avait donné ?

GRICHARD.

Comme au village on est plus sûr de trouver des serviteurs fidèles, honnêtes, je vous ai choisis de préférence, et je crois que je puis compter sur vous.

SUZETTE,

Oh ! çà, c'est vrai.

GRICHARD.

Cependant votre simplicité, votre bonne foi m'inquiètent : je crains que vous ne sachiez pas bien me remplacer, pendant le petit voyage que je suis obligé de faire.

SUZETTE.

Air : *Puisque tout le monde s'en mêle.*
Monsieur soyez sans frayeur,
Sur nous reposez-vous, de grace,
Croyez qu'en bons serviteurs
Nous remplirons bien votre place.
Pour prendre subitement
L'air et le ton important,
Nous ne craignons pas maintenant
De manquer de modèle,
Puisque tout le monde s'en mêle.

GRICHARD.

A la bonne heure. Vous savez ce que c'est que d'avoir sous sa garde une jeune fille qui a quelque beauté : c'est un rude embarras.

BLAISE.

Oh ! oui : çà doit être un rude embarras, qu'une jeune fille. . .

SUZETTE.

Tais-toi donc Blaise, laisse parler monsieur.

GRICHARD.

Que de peines on a pour protéger son innocence et la mettre à l'abri des pièges qu'on lui tend de tous les côtés.

Air : *Une fille est un oiseau.*

Une belle en son printemps,
Est docile et retenue,
Tant qu'on sait loin de sa vue,
Ecarter tous les amans ;
Mais dès qu'elle en voit paraître,
Son cœur cherche à les connaître :
Alors pour s'en rendre maître,
Envain on la suit de près.
Lorsqu'une fille s'échappe,
Jamais l'homme qui l'attrape,
N'est celui qui court après.

SUZETTE.

Non, monsieur, c'est l'autre.

GRICHARD.

Il faut donc y mettre ordre. Il serait possible que pendant mon absence quelque messager d'amour, quelque porteur de billets doux cherchât à s'introduire ici, voulût parler à ma pupille. . . . (*à Blaise.*).

Air : *du Petit Matelot.*

J'ai besoin d'un valet fidèle,
Mon ami je compte sur toi,
Partout tu feras sentinelle.

SUZETTE.

Il remplira bien son emploi.

GRICHARD (*à Suzette*).

Si pour te peindre son martyre,
Un amant ici s'introduit,
Ne vas pas te laisser séduire.

BLAISE.

Monsieur, c'est elle qui séduit.

SUZETTE.

Et vous pouvez vous fier à moi.

GRICHARD.

La justice ne voulant jamais qu'une bonne action reste sans récompense, le jour que mon mariage aura lieu avec ma chère Julie, je vous unis tous les deux, et je vous donne la petite ferme qui tient à cette maison.

SUZETTE (*sautant de joie*).

Notre mariage, Blaise !

BLAISE.

La petite ferme , Suzette*!*

SUZETTE.

Ah ! monsieur, donnez-nous tout cela dès aujourd'hui.

BLAISE.

Oui, monsieur ; parce que , voyez-vous , nous vous servirons après plus volontiers.

Air : *De mon choix tu seras content.*

Du motif qui nous fait agir,
Toute action tient son mérite ;
Obliger n'est plus un plaisir ,
Quand l'apât du gain nous excite.
Pour nous, guidés par notre cœur,
Nous nous faisons payer d'avance,
Afin de goûter la douceur
D'obliger par reconnaissance.

GRICHARD (*à part*).

Procédé très-délicat ! (*Haut*) Je veux auparavant être bien sûr de votre fidélité , en avoir des preuves.

BLAISE.

Ne faut-il que çà ? le premier qui approche. . . . . morgué. . . . d'un revers de ma main. . . . ,

GRICHARD.

Tu as le bras vigoureux ?

BLAISE.

Oh ! je vous en réponds ; d'un coup de poing , je jette votre grand cheval à terre. . . . pan.

GRICHARD.

Comment ! malheureux ?

BLAISE.

Je dis, monsieur, que je le jetterais.

SUZETTE.

Quant à moi, monsieur, j'agirai plus poliment ; si quelqu'un se présente : ne pas dire un mot, faire une belle révérence, tourner les talons, fermer la porte au nez , voilà toute ma réponse.

GRICHAD.

C'est cela. Je puis donc partir tranquille.

SUZETTE.

Oh ! vous avez notre parole.

GRICHARD.

Et j'y compte. (*A part*). Ces bons paysans sont sans

détours, sans malice , incapables de trahir leur devoir,
et je ne pouvais mettre mes intérêts en des mains plus
sûres. (*Haut*). J'ai fait mes adieux à ma pupille , ma
voiture est prete, je vous quitte.

B L A I S E.

Faut-il que je vous suive notre maître.

G R I C H A R D.

Non , j'aime mieux que tu ailles faire la revue dans
le jardin, et t'assurer si tout est bien fermé. Suzette
accompagne-moi jusqu'au bout de l'avenue. (*Il sort
avec Suzette*).

S C E N E I V.

B L A I S E (*seul*).

Il me met là un fier fardeau sur les bras : l'honneur
de mademoiselle et celui de Suzette. N'importe : faisons
ma ronde , et voyons si toutes les portes sont bien fer-
mées ; commençons par celle-ci. (*Il ferme la porte de
la maison*).

Air ; *Ce boudoir est mon parnasse.*

> Sous les verroux , et les grilles ,
> Quoiqu'en dise un grand docteur ,
> On doit enfermer les filles ,
> Pour conserver leur honneur.
> Quand il n'est que sous leur garde
> Il est prompt à s'évader ;
> Pour qu'une fille le garde ,
> Faut l'aider à le garder.

Voyons maintenant de ce côté. (*Il sort en ayant l'air
d'examiner*).

S C E N E V.

G E R M E U I L (*il entre avec précaution*).

C'est bien ici. . . . une porte verte à gauche. . . . la
maison vis-à-vis ; oui, c'est ici. Parbleu je suis bien heureux d'avoir rencontré ces deux valets, que mon vieux
fourbe de Grichard a mis à la porte de chez lui, tout
exprès je pense, pour me faire connaître le lieu de sa
demeure ; sans eux je n'aurais pas appris que ce Grichard est ruiné, et qu'il veut, pour rétablir sa fortune
épouser ma chère Julie : je ne saurais pas, sans eux, qu'il a

soustrait toutes mes lettres, et qu'il a cherché à la convaincre que j'étais infidèle. . . . - Tout succède à mes vœux : je viens de voir partir le tuteur ; ma Julie est seule, je puis la voir, lui parler. Elle n'est ici, m'a-t-on dit, que sous la garde de deux pauvres jardiniers, qui ne peuvent m'inquiéter : pour vaincre leur résistance, il ne me faudra ni ruse, ni détours ; d'un mot j'en ferai ce que je voudrai. . . . frappons. . . .

SCENE V.

BLAISE, GERMEUIL.

GERMEUIL (*voyant arriver Blaise*).
Quel est ce rustre ?. . . .celui sans doute dont on m'a parlé. . . .

BLAISE (*à part*).
A présent que j'ai fait ma ronde, je suis plus tranquille, et je puis.... Eh bien ! qu'est-ce que je vois donc là.... quelqu'un qui rode autour de la maison.... déja ? m'est avis que nous allons avoir de la besogne pendant l'absence de monsieur. (*Il s'approche*). Eh mais, Dieu me pardonne, je crois que c'est mon officier de ce matin ; à qui en veut-il ?

GERMEUIL (*à part*).
Emparons-nous de ce garçon. (*Haut*) Bon jour, mon ami.

Air : *Ton humeur est Catherine.*

Ta mine est de bon augure,
Tu parais honnête et franc ;
Et si j'en crois ta figure,
Ton cœur doit-être excellent !

BLAISE.

Monsieur !
Comme ce n'est pas l'usage,
De flatter plus bas que soi ;
Si j'en crois votre langage,
Vous avez besoin de moi.

GERMEUIL (*à part*)..
Le drôle n'est pas si gauche qu'il a l'air de l'être.

BLAISE.
Parlez donc, monsieur : y aurait-il ici quelque chose pour votre service ?

GERMEUIL.

Oui, mon camarade.

BLAISE (*à part*).

Son camarade ! viendrait-il pour Suzette?

GERMEUIL.

Je demande M. Grichard, mon ancien, mon meilleur ami.

BLAISE.

Vous ne demandez que çà ? ce n'est pas grand chose, mon capitaine ! Eh bien malgré çà, je ne peux pas vous l'accorder, voyez vous.

GERMEUIL.

Mon arrivée va lui causer une joie, un ravissement....

BLAISE.

Je ne dis pas non ; mais il n'y a qu'une petite difficulté, c'est qu'il vient de partir tout-à-l'heure.

GERMEUIL.

Il vient de partir !

BLAISE.

Oui, monsieur, il vient de partir, et je crois que vous le savez tout aussi bien que moi, mon capitaine.

GERMEUIL.

Je comptais le trouver ici. . . . . cela me contrarie.

BLAISE.

Çà vous contrarie ; c'est-il bien vrai?

GERMEUIL (*à part*).

Ah diable ! voilà un drôle plus madré que je ne l'imaginais. (*Haut*) Est-il absent pour long-tems, ce cher Grichard ?

BLAISE.

Oui monsieur, pour bien long-tems... il ne reviendra même jamais.

GERMEUIL.

Ah ! comme ve voilà forcé de rester ici, cette bourse pourrait me gêner; je te prie de la serrer pour l'amour de moi. (*Il lui présente une bourse*).

BLAISE (*reculant*).

Ah ! monsieur. . . . je ne dois pas. . . .

GERMEUIL (*lui jettant la bourse*).

La laisseras-tu tomber?

BLAISE (*la retenant*).

Nenni, monsieur ; je sais la politesse tout comme un

autre. (*A part*). Pardine voilà une drôle de manière de bailler de l'argent.

G E R M E U I L.

Je ne te le donne pas mon ami , je te le prête ; et si je suis content de toi, lorsque je partirai, j'oublierai de te le demander.

B L A I S E.

Vous l'oublierez, monsieur.

Air : *Vaudeville d'une heure de caprice.*

Sur cet espoir encourageant,
Je me rends : veuillez bien le croire,
Peut-on refuser de l'argent,
D'un homme qui perd la mémoire !
Si chez les prêteurs obligeans,
Cette perte était plus commune ,
Ah ! combien l'on verrait de gens,
Emprunter leur fortune.

B L A I S E.

J'accepte donc.

G E R M E U I L (*à part*).

Je le tiens.

B L A I S E.

Pourvu que cela ne m'engage à rien , au moins !

G E R M E U I L.

A rien du tout. Mais je me sens fatigué ; entrons.

B L A I S E (*le retenant*).

Où donc mon officier ?

G E R M E U I L.

Eh ! parbleu, dans cette maison , en attendant ton maître.

B L A I S E.

Ah ! ah ! monsieur l'enjoleux , c'est donc pour çà que vous m'avez donné cette somme ?

G E R M E U I L.

Que veux-tu dire ?

B L A I S E.

Vous avez cru tout bonnement que j'allais donner tête baissée dans votre beau piège.

G E R M E U I L.

Mais je t'assure. . .

B L A I S E.

Quelque sot ! . . . Monsieur le capitaine, combien y a-t-il là-dedans ? (*lui montrant la bourse*).

GERMEUIL.

Dix louis, et je t'en promets encore autant si tu veux
être bon garçon.

BLAISE.

Çà fait vingt louis, n'est-ce pas? Eh bien!.. reprenez votre argent, nous n'en voulons pas. (*A part*). La
ferme vaut mieux que çà, morgue!

GERMEUIL.

Comment, mon ami...

BLAISE (*lui rendant la bourse*).

Reprenez, vous dis-je, vous n'êtes pas ici à la ville,
nous n'en faisons pas plus de cas que çà, nous autres.

GERMEUIL.

Air : *Vaudeville du Pont-Neuf.*

Songe en refusant cette somme,
Qu'après toi chacun va crier ;
Un valet qui fait l'honnête homme,
Est vraiment un gâte-métier.

BLAISE.

Ce reproche est peu raisonnable,
Ce n'est plus comme au tems jadis ;
Nous formons un corps respectable,
Tous les fripons en sont sortis.

GERMEUIL (*à part*).

Incorruptible avec une pareille mine! c'est fait pour
moi. Quoi! m'empêcher d'entrer chez Grichard, mon
meilleur ami!

BLAISE.

Allons, allons, ne faites pas tant de semblans, nous
vous avons deviné, et de reste.

GERMEUIL.

Eh bien! oui, mon ami, connais la vérité, je suis
amoureux comme un fou.

BLAISE.

Que m'importe.

GERMEUIL.

Je mettrai tes services à prix.

BLAISE.

Ils sont payés.

GERMEUIL.

Julie m'aime.

BLAISE.

Çà ne me regarde pas.

G E R M E U I L.

Son tuteur est un fourbe.

B L A I S E.

Chansons que tout cela.

G E R M E U I L

Sais-tu bien, maraud, que je suis homme à te faire sauter les oreilles.

B L A I S E.

Je n'y tiens pas, monsieur. (*A part*). Bon j'épouserai Suzette.

G E R M E U I L.

Et que si tu me résistes plus long-tems, c'en est fait de toi.

B L A I S E.

J'en ai bien vu d'autres. (*A part*). Çà va bien, j'aurai la ferme.

G E R M E U I L.

Malheureux. . . tu ne veux pas m'ouvrir.

B L A I S E.

Là, en vérité, çà m'est impossible.

G E R M E U I L.

Eh bien,

Air : *Vaudeville de Florian.*
Puisque je n'obtiens rien de toi,
Qu'à m'ouvrir envain je t'exhorte,
Pour que l'on n'entre pas sans moi,
Je m'établis à cette porte.

B L A I S E.
Quoi ! vous allez me remplacer ?
La chose me paraît nouvelle ;
Je n'aurais jamais cru placer
Un capitaine en sentinelle.

(*A part*). Ne perdons pas de tems, monsieur n'est peut-être pas encore loin, fesons courir après lui. (*Haut*). Ah çà, mon officier, vous v'là en faction, n'oubliez pas le mot-d'ordre ; je compte sur vous, ne laissez entrer personne au moins.

S C E N E   V I I.

G E R M E U I L.

Le drôle se moque de moi, et ce Grichard sait choisir son monde. . . Qui aurait dit que je trouverai, dans un

paysan, tant d'adresse et de résistance?. . . . . Il faut
pourtant que je parle à Julie. . . elle est seule, l'occa-
sion est favorable.... comment faire pour en profiter!...
(*On entend chanter dans la coulisse*). Qu'entends-je?...
Quelle est cette fille? si je ne me trompe, ce minois doit
être plus facile à apprivoiser.

SCENE VIII.

SUZETTE, GERMEUIL.

SUZETTE (*elle arrive en chantant*).

Air: *du Lendemain.*

A la ville, au village,
Les jeunes et les vieux,
Au mot de mariage,
Ont soudain un air joyeux :
Si la veille il nous inspire,
Et nous met si bien en train,
Ah! mon dieu comme on doit rire
Le lendemain.

(*Appercevant Germeuil*). Ah! . . vous m'avez fai
peur ! . . Pardon, monsieur, que voulez - vous? (*à
part*). Comme c'est joli un officier !

GERMEUIL.

Beaucoup de choses, ma belle enfant ; car sans doute
vous êtes aussi bonne que belle.

SUZETTE.

Ah! monsieur pourrait se tromper.

GERMEUIL.

Je ne le crains pas.

Air: *Vaudeville de Claudine.*

A juger sur l'apparence,
Malgré soi l'on est porté :
Le cœur s'ouvre à l'espérance,
A l'aspect de la beauté ;
Sans la connaître ou suppose,
Qu'elle possède un bon cœur ;
Comme en voyant une rose,
On juge de son odeur.

Puis-je savoir d'abord qui vous êtes?

SUZETTE.

Moi, monsieur : je suis Suzette Desvignes, fille de

Mathurin Desvignes et de Catherine Joli-Bois, fermiers
au village voisin, et depuis quinze jours au service de
monsieur Grichard et de mademoiselle Julie, sa pupille.

GERMEUIL.

Ma chère Suzette, aimez-vous votre maîtresse ?

SUZETTE.

Pauvre demoiselle ! qui ne l'aimerait pas ?

GERMEUIL.

Voulez-vous m'obliger pour l'amour d'elle ?

SUZETTE.

Bien volontiers, monsieur.

GERMEUIL.

Me sauver la vie ?

SUZETTE.

Vous sauver la vie ? moi ! monsieur.

Air : *Tout comme a fait ma mère.*

Pour vous rendre un si grand service,
Je suis bien jeune en vérité ;
Mais du moins si je suis novice,
J'ai quelque bonne volonté :
Ne me cachez donc rien ;
Je suis fille de bien ;
Au trépas je veux vous soustraire,
Et je ferai tout ce qu'il faudra faire.

GERMEUIL.

On n'est pas plus obligeante : allez donc trouver ma
chère Julie ; dites-lui que Germeuil, toujours tendre,
toujours fidèle, est ici et demande à la voir.

SUZETTE.

Germeuil ! . . Comment vous êtes M. Germeuil, ce
beau jeune homme qu'elle aime tant ?.. vous n'êtes pas
marié ; vous lui êtes toujours fidèle... ah ! mon Dieu,
quelle joie ! . . Mamz'elle ? mamz'elle ? elle ne m'entend pas. . . Attendez-moi ; monsieur, je vais l'avertir.
(*Elle court vers la porte*). Mamz'elle Julie ?. . . (*Elle
s'arrête tout court*). Eh bien ! qu'est-ce que je fais donc
moi ?

GERMEUIL.

Qui vous arrête ?

SUZETTE (*à part*).

Est-ce que je suis folle ; monsieur qui m'a tant dé-

fendu. . . et puis cette ferme, et puis notre mariage. . .
(*Se retournant vers Germeuil*). J'en bien fâchée mon-
sieur. . . votre servante de tout mon cœur. . . mais. . .
(*A part*) Ah ! que çà me coûte à lui dire ?

G E R M E U I L.

Expliquez-vous ?

S U Z E T T E (*hésitant*).

C'est que monsieur. . . c'est que. . . çà ne se peut
pas, monsieur, çà ne se peut pas.

G E R M E U I L (*à part*).

Quoi ! cette petite villageoise me résisterait aussi. . .
Allons, allons, elle est femme, flattons-là. (*Haut*).
Ah ! l'on m'avait bien dit que ma Julie était malheureuse, que personne ne s'intéressait plus à son sort. . .
qu'on avait mis auprès d'elle une jeune fille, jolie à la
vérité, mais sans égard pour sa maîtresse, se réjouis-
sant de ses peines, cherchant à les aggraver, sans reconnaissance, sans amitié. . . Qui croirait qu'avec une
petite mine aussi fraîche, aussi gentille, on peut être
aussi méchante ?

S U Z E T T E (*pleurant*).

Vous vous trompez, monsieur, je ne suis pas méchante.

G E R M E U I L.

Allez, ame insensible ; quelques jours vous serez
peut-être aussi séparée de votre amant ; eh bien, personne ne vous plaindra.

S U Z E T T E.

Ah ! ah ! eh ! eh ! . .

G E R M E U I L.

Air : *Accompagné de plusieurs autres.*

> Vous dont le cœur peu généreux
> Aime à faire des malheureux,
> Leurs destins deviendront les vôtres :
> Au sort on doit peut se fier,
> Et tôt ou tard il faut payer,
> Le mal que l'on a fait aux autres.

(*Suzette fait quelques pas vers la maison*). Vous me
quittez, vous vous en allez ?

S U Z E T T E (*avec joie en se retournant*).

Je vais avertir mamz'elle.

GERMEUIL (*lui baisant la main*).

Charmante enfant !

SUZETTE (*retirant sa main*).

Eh bien monsieur ! (*A part*). Qu'il est aimable ! j'ai peut-être tort, mais ce serait conscience de le laisser mourir. (*Elle va pour entrer*). Eh bien, la porte est fermée.

GERMEUIL.

Eh oui : un maudit jardinier, un rustre, un butor.

SUZETTE (*faisant la révérence*).

C'est Blaise, mon futur.

GERMEUIL.

Ah ! pardon.

SUZETTE.

De rien, monsieur.

GERMEUIL.

Il s'est emparé de la clé, et le traître m'est échappé.

SUZETTE.

Blaise vous a vu ! ah ! tant pis ; il est tout dévoué à notre maître !. . . . et je crains bien. . .

GERMEUIL.

Air : *Vaudeville du Printems.*\

Quoi ! ce Blaise vous embarrasse !
A vos désirs il doit céder :
Et pour obtenir une grace,
Vous n'avez qu'à la demander.

SUZETTE.

En vérité , monsieur , je n'ose
Employer un pareil moyen :
Puis-je demander quelque chose,
Moi qui jamais n'accorde rien.

GERMEUIL.

Cependant, il vous aime.

SUZETTE.

Il m'aime comme un perdu ! il est jaloux comme un démon ; et si par malheur il nous trouvait ensemble. . .

GERMEUIL (*à part*).

Il est jaloux ! l'idée est hardie , mais peut réussir.

SUZETTE.

Que dites-vous donc là tout seul ?

GERMEUIL.

Ma chère Suzette, si je supposais, ce qui est très-vraisem-
blable, que ce charmant petit minois m'a tourné la tête.

SUZETTE (*avec joie*).

Çà serait bien drôle. . . mais à quoi bon ?

GERMEUIL.

Je vous ferais la cour devant Blaise.

SUZETTE.

Ah! comme il endêverait !

GERMEUIL.

De votre côté vous feriez semblant de m'aimer aussi.

SUZETTE.

Je ferais semblant de vous aimer ?. . . oh! nenni,
nenni, monsieur le capitaine ; je lui ai déjà fait cette
niche-là avec un jeune homme de ce village, il en fait
une maladie, le pauvre garçon ; avec vous, ah! mon
dieu, çà le tuerait tout-à-fait.

GERMEUIL.

Cela ne fera que l'effrayer, et la crainte de vous perdre le
décidera à me laisser entrer, et parler à ma chère Julie.

SUZETTE.

Mais monsieur.

GERMEUIL.

Vous obligerez votre maîtresse.

SUZETTE.

Mais, monsieur. . . Blaise ?

GERMEUIL.

Vous me rendrez le bonheur.

SUZETTE.

Mais, monsieur. . . la ferme ?

GERMEUIL.

Vous donnez une leçon à votre jaloux.

SUZETTE.

Mais, monsieur. . . notre mariage ?

GERMEUIL.

Et dès demain je vous prends avec moi tous les deux,
je vous donne une bonne dot, et je vous marie.

SUZETTE.

Ah! monsieur, que vous avez dû en attraper de ces
pauvres filles. V'là Blaise, monsieur, v'là Blaise, tout
est perdu.

GERMEUIL.

Feignez de ne pas le voir… secondez-moi, et surtout ne vous troublez pas.

SCENE IX.

BLAISE, GERMEUIL, SUZETTE.

BLAISE (*sans voir personne*).

En attendant que notre maître revienne, voyons un peu ce qui se passe ici… Que vois-je ! ai-je la berlue ? l'officier aux pieds de Suzette !

GERMEUIL (*à Suzette*).

Oui, ma belle, depuis que je vous ai vue à une fête de ce village, vous n'êtes pas sortie un instant de ma pensée.

SUZETTE.

Moi ! monsieur, une pauvre fille si simple…

GERMEUIL.

C'est ce qui vous rend plus séduisante encore.

Air : *Vaudeville de Pellegrin.*

Nous résistons à la beauté,
Lorsque l'art compose ses charmes :
Unie à la simplicité
Tous les cœurs lui rendent les armes.
Ici vos attraits enchanteurs,
Sont sans art et sans imposture,
Et vous devez, comme les fleurs,
Tout votre éclat à la nature.

SUZETTE.

Oui, monsieur.

BLAISE (*à part*).

Ah ! la perfide !.. écoutons.

GERMEUIL.

Je mets à vos pieds mon cœur, ma fortune, et je suis prêt à vous épouser…

SUZETTE.

Eh mais, monsieur… (*Bas*). Faut faire quelques petites façons, n'est-ce pas ?

GERMEUIL.

Sans doute.

SUZETTE.

Eh mais, monsieur, dame. . . c'est que voyez-vous. . .
il faudrait peut-être bien auparavant. . .

GERMEUIL.

Parlez, que faudrait-il ?

SUZETTE.

Dame !. . . me défiancer d'avec Blaise, le jardinier.

BLAISE (*arrivant*).

Nous défiancer ! . . eh bien, çà marche rondement à
ce qu'il me paraît. . . morgué, mon officier, j'y bou-
terai de l'empêchement, au moins, je vous en avertis. . .
et vous, la belle, v'là donc comme vous y allez?

SUZETTE.

Ah! c'est toi, Blaise. . . tu nous écoutais?

BLAISE.

Fi, que c'est vilain de s'en laisser conter ainsi par le
premier venu, un enjoleux !

GERMEUIL.

Maraud!

SUZETTE.

Lui un enjoleux ! oh ! que nenni; il veut m'épouser,
et bien honnétement encore !

BLAISE.

Lui, t'épouser? tu crois çà? ah ! ah ! ah ! il y a de quoi
crever de rire. . . mais il se moque de toi.

SUZETTE.

A d'autres.

Air : *Avec vous sous le même toît.*

Monsieur arrive d'un pays
Où l'on méconnaît l'imposture,
Et douter des gens de Paris,
C'est vraiment leur faire une injure :
De moi seule il veut s'occuper;
M'épouser, me prouver qu'il m'aime,
Blaise, si c'est-là m'attraper,
Qu'on m'attrape toujours de même.

GERMEUIL.

Oui, monsieur le jardinier, j'épouse cette charmante
fille, et dès aujourd'hui.

SUZETTE.

Dès aujourd'hui, entends-tu mon petit Blaise?

GERMEUIL.

Quel bonheur pour moi de réparer l'injustice du sort qui l'a fait naître dans un rang si peu digne de tant de charmes!

SUZETTE.

Comme c'est gracieux, ces paroles-là? hein! « L'in-» justice du sort! Quel bonheur pour moi »!. Sont-ce là des moqueries, Blaise?

BLAISE (*à part*).

J'enrage!

GERMEUIL.

Que j'ai d'impatience de voir l'or et la soie remplacer cette étoffe grossière.

SUZETTE.

L'or et la soie, Blaise!

BLAISE.

Jarni que c'est mortifiant!

SUZETTE.

Et peut-être bien que j'aurai aussi de belles robes d'or et d'argent, avec de grandes queues, et puis des panaches de toutes couleurs, et puis que je tiendrai ma poche à ma main; n'est-ce pas, monsieur?

GERMEUIL.

Oui, sans doute.

BLAISE.

Je ne me possède plus, je ne me possède plus.

SUZETTE.

Quelle joie, Blaise! quelle joie.

TRIO *de Wicht*

GERMEUIL.

Quittez sans regrets,
Ce triste village,
Et je vous promets
A Paris un riche équipage.

SUZETTE.	**BLAISE.**
Blaise, un équipage!	Tu crois çà! j'enrage.

GERMEUIL.

Quatre grands laquais,
Beaux, jeunes, bien faits.

BLAISE.	**SUZETTE.**
A toi des laquais!	Blaise! des laquais
	Qui f'ront mon ouvrage.

GERMEUIL.
L'or et la dentelle,
Accroitront ma belle
L'éclat de vos traits.

BLAISE.
Tu perds la cervelle !

SUZETTE.
L'or et la dentelle,
Que je serai belle !

SUZETTE.
Avoir tous les jours
De nouveaux atours ;
Voir que l'on m'admire,
Et m'entendre dire,
A chaque moment :
Quelle gentillesse !
Quel air de noblesse !
Blaise, c'est charmant.

BLAISE.
Fi de la traîtresse,
Qui pour la richesse
Trahit son amant.

SUZETTE.
Bien d'autres vraiment,
En ont fait autant.

GERMEUIL.
A la ville l'unique affaire,
C'est de plaire et d'être galant.

SUZETTE.
Monsieur, pour aimer et pour plaire,
Me trouvez-vous quelques talens!

GERMEUIL.
Sans nul effort vous savez plaire.

SUZETTE.
D'une coquette bien légère,
Ai-je le coup d'œil agaçant!

BLAISE.
Voyez qu'elle a l'œil agaçant.

GERMEUIL.
Oui, votre œil est très-agaçant.

SUZETTE.
Ou bien d'une beauté sévère,
L'air froid et le ton imposant!

GERMEUIL.
Altière, vive, ou languissante,
Vous paraissez toujours charmante.

SUZETTE.
Vraiment vous me trouvez
charmante!

BLAISE.
Lorsque l'on quitte son amant,
Fi que c'est laid d'être charmante.

BLAISE.
Quelle perfidie ! quelle trahison ; ah ! ah ! j'étouffe de
jalousie, de rage... ah ! ah ! ah !

SUZETTE.

Il pleure, monsieur l'officier, il se désole ; comme çà
tourne donc. . . eh bien, eh bien, vl'à que j'étouffe,
v'là que je pleure aussi moi. . . ah! je n'y peux plus
tenir, monsieur, je vous le dis franchem nt. . . ah!
comme il m'aime, le pauvre garçon, comme il m'aime.

GERMEUIL (*bas*).

Encore un instant. . . s'il se doute de la ruse, tout
est perdu. ,. (*Haut*). Allons, mon aimable Suzette, je
vous aime, vous répondez à mon amour, rendons-nous
chez le notaire.

SUZETTE.

Que çà me fait de mal, monsieur, que çà me fait
de mal.

GERMEUIL.

Venez. (*Il lui donne le bras*). Adieu, mon ami.

BLAISE (*les voyant partir*).

Ils y vont tout de bon, morgué. . . j'en deviendrai
fou. . . Monsieur le capitaine?

GERMEUIL.

Que veux-tu?

BLAISE.

Deux mots, je vous prie.

GERMEUIL.

Après la noce. . .

BLAISE.

Après la noce! . il sera bien tems vraiment. .
Suzette, dis-lui donc qu'il me parle.

SUZETTE.

Tu n'as que deux mots à lui dire?

BLAISE.

Deux petites paroles seulement.

SUZETTE.

Allons, monsieur, vous ne pouvez pas lui refuser çà.

GERMEUIL.

Vous le voulez? . . allez donc m'attendre chez le
notaire.

SUZETTE.

Ah! çà, Blaise, ne le retiens pas trop long-tems.
Votre servante, monsieur. . . Adieu, mon ami. .
mon petit Blaise, adieu. . . Mon Dieu, qu'il est donc

bête ! qu'il est donc bête ! comme il m'aime... (*Elle sort en riant*).

SCENE X.

BLAISE, GERMEUIL.

GERMEEIL (*à part*).

Dissimulons encore, le traître pourrait m'échapper.

BLAISE (*à part*).

Ah ! si je pouvais le dégoûter de Suzette... Eh ! bien, mon capitaine, faut convenir que v'là une fille bien attrapée.

GERMEUIL.

Tu crois donc que c'est un grand malheur pour elle que m'épouser ?

BLAISE.

Vous l'épouser ? est-ce que vous me prenez tout-à-fait pour une bête ?

GERMEUIL.

Cela fera la plus jolie petite femme ; point d'humeur, une gaîté charmante, une aimable simplicité...

BLAISE.

Oui, ce qu'elle vient de faire là est tout simple, n'est-ce pas ?

GERMEUIL.

Elle aimera son mari à l'adoration.

BLAISE.

Fiez-vous y : elle vous jouera des tours tout aussi bien qu'à moi ! .. l'état n'y fait rien, au moins.

Air : *Mon père était pot.*

> Quoique vous portiez un habit,
> Plus brillant que le nôtre,
> Soyez sûr, malgré votre esprit,
> D'y passer comme un autre :
> Les femmes vraiment,
> Quelque soit leur rang,
> Ont une adresse extrême ;
> Les gens de chez vous,
> Les gens de chez nous,
> Sont attrapés de même.

CERMEUIL.

C'est le dépit qui te fait dire tout cela.

B L A I S E.

C'est la vérité. Suzette m'a planté là, parce que vous lui promettez un carrosse : eh ! bien, elle vous plantera là pour le premier qui lui baillera un château.

G E R M E U I L.

Eh ! Suzette, n'est pas de ce nombre !

B L A I S E.

C'est une perfide, une coquette, une changeante.

G E R M E U I L.

Eh ! bien, tu dois-être enchanté que je te débarrasse de ce petit monstre-là ?

B L A I S E.

Oui, sans doute : mais j'y étais accoutumé, voyez-vous, et çà fait toujours de la peine ; tandis que vous, vous ne vous en souciez pas, et je gagerais ma tête que vous étiez venu ici pour mademoiselle Julie.

G E R M E U I L.

C'est possible, mais je ne suis pas d'humeur à courir pendant dix ans après une femme que je ne pourrai jamais obtenir.

Air . *Tenez-moi , je suis un bon homme.*

L'espérance est une chimère,
Qui jamais ne me fit la loi ;
Et tout plaisir qui se diffère,
Est un plaisir perdu pour moi.
En amour , ainsi qu'en affaire,
Attendre n'est pas ma vertu ,
J'ai pris du goût pendant la guerre,
Pour les succès en impromptu.

G E R M E U I L.

D'ailleurs , les obstacles m'effrayent : un tuteur adroit, des valets incorruptibles, des grilles, des verroux. . . une porte fermée. . .

B L A I S E.

Bagatelle, mon officier , bagatelle : je suis moins rancuneux que vous, et je veux vous servir.

G E R M E U I L.

Toi ?

B L A I S E.

Oui, moi : et pour preuve, baillez-moi les dix louis de ce matin, et vous verrez si je ne les prends pas.

G E R M E U I L.

Allons donc. . .

BLAISE.

Oui, morgué! je les prendrais tout comme je vous le
dis. . . Je veux aller plus loin : rendez-moi ma Suzette,
et je vous fais voir mamz'elle Julie, là.

GERMEUIL.

Il n'est plus tems, Suzette m'a tourné la tête.

BLAISE.

Allons donc ; l'autre est ma foi bien plus gentille :
depuis quelque tems, çà vous a pris de petites grâces,
de petites manières si drôles. . .

GERMEUIL.

Allons, allons, tais-toi. . .

BLAISE.

C'est un bouquet, mon capitaine, un vrai bouquet.

GERMEUIL.

Tais-toi, te dis-je, ne cherche pas à me séduire, à
réveiller dans mon cœur un sentiment que je veux
étouffer.

Air : *Si Pauline est dans l'indigence.*

Jusqu'ici, malgré ma jeunesse,
De l'honneur j'ai suivi les lois,
Et j'ai su, par délicatesse,
N'aimer qu'une femme à la fois.
En vantant Suzette et Julie,
Tu corromps mon cœur vertueux,
Ne m'expose pas, je te prie,
A les aimer toutes les deux.

BLAISE (*à part*).

M'est avis que ce n'est là qu'un feu mal éteint, et
peut-être bien que çà pourrait se r'allumer.

GERMEUIL (*à part*).

Il se consulte, il est à moi.

BLAISE (*à part*).

Si je les faisais trouver ensemble. . . si j'ouvrais cette
porte. . . Oui, sans doute ; pour garder la femme des
autres, faut-il que je m'expose à perdre la mienne ? (*Il
va ouvrir la porte de la maison*).

GERMEUIL.

Que v'a-t-il faire ?

BLAISE (*entr'ouvrant la porte*).

Mamz'elle Julie, mamz'elle Julie. . . bon la v'là qui
descend. . . Monsieur le capitaine ?

GERMEUIL.

Encore?

BLAISE.

Oh! le bon tour que je lui joue-là. (*Haut*). Regardez donc par ici, regardez donc.

SCENE XI.

JULIE, BLAISE, GERMEUIL.

GERMEUIL (*appercevant Julie qui sort de la maison*).

Ma chère Julie!

JULIE.

C'est vous, Germeuil?

GERMEUIL.

Quelle joie!

JULIE.

Quel bonheur!

BLAISE (*à part*).

Comme çà prend! comme çà prend! la bonne idée que j'ai eue là.

GERMEUIL (*à Blaise*).

Ah! traître, tu fais de moi ce que tu veux. . . .Veille à ce que personne ne nous surprenne.

JULIE.

Et fais venir Suzette.

BLAISE.

Oui mamz'elle. Oh! je vais joliment lui parler à Suzette.

SCENE XII.

JULIE, GERM.EUIL.

GERMEUIL.

Oui, c'est Germeuil que vous accusiez, que vous haïssiez peut-être, dont on a intercepté les lettres, calomnié la conduite, et qui revient après deux ans de la plus cruelle absense, toujours libre, plus amoureux que jamais, réclamer votre amour, vos sermens, et confondre l'homme cruel qui s'est si indignement joué de votre crédulité.

JULIE.

Mon cher Germeuil! comme on m'a trompée! comme
j'étais injuste!

GERMEUIL.

Vous m'aimez donc encore?

JULIE.

Air :
Pourrais-je n'être plus la même,
Quand le sort vient nous réunir.
L'absence de l'objet qu'on aime,
N'en détruit pas le souvenir ;
A son aspect on sent renaître
Un sentiment délicieux,
Et toujours à le reconnaître
Le cœur est plus prompt que les yeux.

SCENE XIII.

SUZETTE, JULIE, GERMEUIL.

SUZETTE.

Ah! mon Dieu, M. Germeuil! mamz'elle Julie!

GERMEUIL.

Qu'y a-t-il Suzette?

SUZETTE.

Tout est perdu. . . v'là notre tuteur.

GERMEUIL.

Le malin vieillard aura appris mon arrivée.

SUZETTE.

C'est cet imbécile de Blaise qui a fait courir après lui.

GERMEUIL.

Ah! le traître! après sa promesse? . .

SUZETTE.

C'était avant, monsieur, à présent il ne demande
pas mieux que de vous être utile.

JULIE.

Ciel ! que faire ?

GERMEUIL.

Rassurez-vous: je vais parler à votre tuteur, et je
saurai bien de gré, ou de force, vous arracher de ses
mains.

JULIE.

Ah! Germeuil, gardez-vous en bien ; je dépends encore de lui ; toute violence pourrait nous perdre.

SUZETTE.

Oui, sans doute : il est si matin. . . Eh ! mais, il a
trompé mamz'elle. il vous trompe monsieur, ne pour-
rions-nous pas le tromper aussi ? . . j'en ai bien envie.

Air : *C'est ce qui me console.*

Aujoud'hui, comme en tous les tems,
Les bons sont dupes des méchans,
C'est ce qui me désole :
Mais à force de nous duper,
Ils nous montrent à les tromper,
C'est ce qui me console.

SCENE XIV.

BLAISE, GERMEUIL, JULIE, SUZETTE.

BLAISE (*accourant*).

Rentrez mamz'elle. . . sauvez-vous monsieur ; ca-
chons-nous Suzette, nous sommes pris ; le v'là, le v'là.

GERMEUIL.

Oh ! Suzette que faire ?

SUZETTE.

Dame, c'est embarrassant . . et je ne vois guères de
moyen de nous tirer de là. . . Mais attendez donc, v'là
je crois, une idée qui me vient.

GERMEUIL.

Quelle est-elle ? voyons.

SUZETTE.

Il pourrait donner dans le piége. Vous voulez qu'il
signe votre contrat, n'est-ce pas ?

GERMEUIL.

C'est tout ce que je demande.

SUZETTE.

Vous ne le tracasserez pas trop sur les comptes qu'il
doit rendre à mamz'elle ?

GERMEUIL.

Quittance générale.

SUZETTE.

C'est trop honnête, et il gagne à ce marché.

BLAISE.

Dépêche-toi Suzette, le v'là qui descend de voiture.

SUZETTE.

Suivez-moi, monsieur, je vais vous apprendre ce

qu'il faut que vous fassiez griffonner chez le notaire ;
vous, mamz'elle, rentrez. Quant à toi, Blaise, tâche de
retenir ici monsieur Grichard. . . dis-lui que tu n'oses
lui apprendre ce qui est arrivé. . . prends un air bien
embarrassé, tu sais, cet air si bête que tu as quelque
fois. . . je reviens tout de suite. (*A Germeuil*). Nous,
monsieur, sortons par cette petite porte.

JULIE.

Ma chère Suzette, je m'abandonne à toi.

SCENE XV.

BLAISE (*seul*).

Elle va jouer quelque tour à notre maître. . . Quelle
mauvaise pièce que cette Suzette! je serai diablement
heureux quand elle sera ma femme. . . . . . V'là monsieur Grichard, tenons-nous bien.

SCENE XVI.

BLAISE, GRICHARD.

GRICHARD.

Eh! bien, Blaise, qu'y a-t-il? pourquoi as-tu fait
courir après moi?

BLAISE.

Ah! monsieur. . . si vous saviez. . .

GRICHARD.

Ce drôle m'impatiente ; où est ma pupille?

BLAISE.

Votre pupille, monsieur: oh pour ce qui est de çà, vous
pouvez être bien tranquille... elle est dans sa chambre...
mais c'est que, voyez-vous. . . dame, c'est que. . .

GRICHARD.

Mais, parle donc, malheureux, parle donc.

BLAISE.

Parle donc, parle donc ; çà vous est bien aisé à dire à
vous. . . mais çà m'embarrasse moi... parce qu'enfin...
(*à part*). Suzette ne revient pas.

GRICHARD.

C'est trop écouter ce maraut, entrons et voyons nous
même. . .

BLAISE (*le retenant*).

Eh! nenni, morgué! n'entrez pas ; n'y aurait plu

de remède vraiment. . . Mais vous allez tout savoir, un
peu de patience. . . Et tenez, v'là Suzette qui revient
bien à propos.

SCENE XVII.

BLAISE, GRICHARD, SUZETTE.

GRICHARD.

Arrive donc, Suzette, arrive donc.

SUZETTE.

Me v'là, monsieur, me v'là : excusez-nous, notre
maître, on ne peut pas être par-tout.

GRICHARD.

Allons, ma chère Suzette, apprends-moi bien vîte ce
qui s'est passé ici pendant mon absence.

SUZETTE.

Bien volontiers, monsieur. Dès que vous avez été
parti. . .

BLAISE.

Je crois que vous n'étiez pas tant seulement au bout
de l'avenue.

SUZETTE.

Il s'est présenté ici un grand jeune homme bien poli,
bien honnête.

BLAISE.

C'est ma fine un beau gaillard !

GRICHARD.

L'auriez-vous laissé entrer chez moi ?

BLAISE.

Oh ! que non.

SUZETTE.

Pas si bêtes !

GRICHARD (*à Suzette*).

Ainsi, tu as refusé de l'entendre ?

SUZETTE.

Oh ! oui ; mais ces gens de Paris, voyez-vous, sont si
fins, si rusés.

Air : *Çà ne se peut pas.*

Il a loué ma modestie,
De mon teint vanté la fraîcheur ;
Il m'a dit qu'aimable et jolie,
Je devais avoir un bon cœur,

L'amour-propre aisément s'éveille :
A des propos si délicats,
Une fille ferme l'oreille,
Ça n'se peut pas, ça n'se peut pas.

GRICHARD.

Comment ! petite coquette ?

SUZETTE.

Oh ! ne faut pas m'en vouloir, j'ai fait ce que j'ai pu ; après m'avoir conté tout ce qu'il avait à me dire, il m'a baillé une lettre pour mamz'elle, et un biau louis d'or pour ma peine.

GRICHARD.

Ah ! malheureuse, tu t'es laissé corrompre ?

SUZETTE.

Allons donc, vous me prenez pour une autre.

Air : *Sachez qu'au village.*

Monsieur, nous savons bien qu'à la ville,
Aujourd'hui tout s'achete et se vend ;
Et qu'il est des gens dont l'âme vile,
Fait tout ce qu'on veut pour de l'argent.
Chez nous ce n'est pas la même chose ;
Si l'on en propose,
Il est bien reçu ;
Mais nous n'en servons pas davantage.
Sachez qu'au village,
J'ons de la vertu.

GRICHARD.

Oh ! la petite masque ! . . où est cette lettre ?

SUZETTE (*faisant signe à Blaise*).
Blaise l'a dans sa poche, monsieur.

BLAISE.

Oui, monsieur, je l'ai dans ma poche.

GRICHARD.

Eh ! bien, donne-la moi.

BLAISE.

Vous la donner, monsieur : le faut-il Suzette ?

SUZETTE.

Non, Blaise, non, ne la donne pas. Figurez-vous qu'il y a des choses là-dedans qui vous feraient trop de peines si vous les lisiez ; j'aime mieux vous les dire. Je vous dirai donc, sauf le respect que je vous dois, d'abord, que vous êtes un fourbe, un imposteur. . .

GRICHARD.

Hein ?

SUZETTE.

C'est la lettre qui dit dit çà ; et que tout ce que vous avez débité à mamz'elle sur le compte de monsieur Germeuil, n'est qu'un tas de menteries, et une ruse pour lui faire oublier son amant.

GRICHARD.

Je souffre le martyre.

BLAISE.

C'est ma fine un tour bien drôle que vous lui avez joué là.

SUZETTE.

Oh ! tout-à-fait divertissant.

BLAISE.

Et qui nous a bien fait rire.

GRICHARD

J'enrage !.. Finirez-vous ?

SUZETTE.

S'tapendant, à la réflexion, voyez-vous, çà nous a donné de l'inquiétude... Tiens Blaise, lui ai-je dit, notre maître qui trompe si bien sa pupille, ne pourrait-il pas nous tromper aussi, nous autres ?

GRICHARD.

Quoi ! vous osez penser ?

SUZETTE.

Oui, Blaise, lui ai-je dit encore, il nous a promis sa petite ferme, si nous lui baillons nos soins pour lui faire épouser mamz'elle Julie : quand il sera marié, peut-être bien que pour notre remerciement il nous mettra tous deux à la porte... eh ! ma fait, Blaise, çà pourrait bien être.

GRICHARD.

Me soupçonner à ce point ?

SUZETTE,

Eh ! bien, ai-je continué, si nous allions tout découvrir à mamz'elle ! puisque cette ferme est à elle, nous serons bien plus sûrs de notre fait.

GRICHARD.

Oh ! les fripons ! et moi qui les croyais si honnêtes, si délicats.

SUZETTE.

Eh ! bien, monsieur, le croiriez-vous ? Blaise n'a jamais voulu.

BLAISE.

Non, morgué, je n'ai jamais voulu. . . parce qu'enfin. . . . .

GRICHARD.

A la bonne heure, tu es un brave garçon, toi.

SUZETTE.

C'est indigne, m'a t-il dit, de tromper un si bon maître, je parie qu'en lui faisant seulement la peur, il va bien amicalement faire tout ce que nous voudrons, signer notre contrat, nous céder la petite ferme. . .

BLAISE.

Et peut-être bien, nous bailler une centaine d'écus par-dessus le marché, pour notre récompense.

GRICHARD.

Comment ! misérables.

SUZETTE.

Ecoutez donc jusqu'au bout ; mais Blaise, s'il ne veut pas, lui dis-je? S'il ne veut pas, me dit Blaise, eh ! bien, nous aurons fait notre devoir, en lui offrant la préférence ; et comme il est juste que chacun cherche son profit, nous irons tout conter à mamz'elle, qui en sera bien aise.

GRICHARD.

Malheureux ! vous seriez capables d'un pareil trait?.. ah ! si j'osais. . .

SUZETTE.

Mon dieu, ne vous fâchez pas. . . nous ne voulons rien de force ; nous vous rendons votre parole. . . je suis bien votre servante, monsieur.

BLAISE.

Je vous baise les mains, notre maître.

GRICHARD.

Où allez-vous, perfides, où allez-vous?

BLAISE.

Dame, vous le savez bien.

GRICHARD.

La colère me suffoque. . . Je vous empêcherai bien mes deux fripons. . .

SUZETTE.

De le dire à mamz'elle, eh ! bien, tout le village le saura.

(39)

BLAISE.

J'irai, morgué, le crier dans les rues, prévenir
monsieur Germeuil, l'amener ici, çà f'ra un tapage, un
scandale. . .

GRICHARD (*à part*).

Oh! ciel, si je les laisse partir, tout est perdu pour
moi. Restez. . . restez, vous dis je. Que faire, quel parti
prendre? ils me tiennent le poignard sur la gorge, au
moment même où j'allais triompher des obstacles, épouser Julie, jouir de sa fortune. . . ô rage!.. ô fureur!..
(*Il se jette sur un banc, la tête cachée dans ses deux
mains*).

SCENE XVIII et Dernière.

SUZETTE, BLAISE, GERMEUIL, JULIE, GRICHARD.

GERMEUIL (*à la porte du fond*).

Suzette, tout est prêt. . . et voilà le contrat.

SUZETTE.

Bon! . . la lettre?

GERMEUIL.

La voici.

SUZETTE.

Prends-la, Blaise. (*Elle s'approche de Grichard avec
le contrat qu'elle a reçu de Germeuil*). Monsieur, v'là
le notaire. . . puisque maintenant vous ne demandez
pas mieux. . . si c'était un effet de votre bonté. . .

GRICHARD (*la contrefaisant*).

Si c'était un effet. . . ah! petit serpent.

BLAISE.

Le contrat est préparé. . . rien n'y manque. . . et si
vous le permettez, nous allons vous le lire.

GRICHARD (*prenant le contrat,*).

Voyons doubles traîtres, voyons. (*il lit*). « Par devant les notaires soussigné, ont comparu Blaise et
Suzette. . . ». Oh! les coquins.

SUZETTE (*le lui arrache après qu'il a lu quelques lignes*).

Eh! non, non, vous faites çà trop à contre cœur. . .

v'là justement mamz'elle Julie, et si tu veux Blaise nous
allons. . .

G R I C H A R D (*appercevant Julie*).
Julie ! ô ciel ! veux-tu bien rester.

B L A I S E.
Eh ! bien, signez donc, morgué.

S U Z E T T E.
Ne le presse donc pas, Blaise. . . et puis que çà ne
lui fait pas plaisir, mamz'elle va tout savoir.

G R I C H A R D (*bas à Suzette*).
Donne-moi ce contrat, malheureuse, et tais-toi.

S U Z E T T E (*lui donnant le contrat de Julie et de
Germeuil à la place du premier*).
Que je suis bonne ! je fais tout ce que voulez... Tenez,
signez.

G R I C H A R D (*signant*).
Mariez-vous, et que mille diables vous emportent.
(*A Julie*). Pardon, ma chère Julie, je suis à vous
dans le moment. (*à Suzette*). Ma lettre ?

S U Z E T T E (*remet le contrat à Germeuil.*)
C'est bien juste çà ; rends-là, Blaise.

B L A I S E.
Eh ! pardine, la v'là cette lettre ; j'ai toujours dit,
moi, qu'elle ne tenait à rien.

G R I C H A R D (*regardant sa lettre*).
A M. Grichard. Qu'est-ce à dire, cette lettre n'est
donc pas pour Julie ? lisons : « D'après les pertes que
» vous avez faites, l'argent vous est plus nécessaire
» qu'une épouse : acceptez donc ici l'acquit des comptes
» que vous aviez à rendre à ma chère Julie : je suis en
» droit de vous le donner, puisque vous venez de signer
» mon mariage avec elle. *Germeuil* ».

G E R M E U I L.
Et je pense, monsieur, que cela vous convient.

G R I C H A R D.
Que vois-je ! Germeuil ? . . . je suis joué.

G E R M E U I L.
L'argent vous reste, et vous savez compter, monsieur
Grichard ?

J U L I E.
J'espère, mon cher tuteur, que vous ne m'en vou-

drez pas : je n'ai rien fait dans tout ceci, que donner mon consentement ; et si vous m'accordez le vôtre, je vous promets de vous aimer. . . tant que je pourrai.

BLAISE.

Un barbon comme vous, épouser une jeune et jolie fille, qui ne vous aimait pas !

GRICHARD.

Eh ! qu'importe, on épouse toujours, le reste vient après.

SUZETTE.

Allez, allez, monsieur, le reste ne serait venu que trop tôt.

GRICHARD.

Elle a raison.

VAUDEVILLE.

Air :

Dans l'himen vouloir s'engager,
Quand on est au déclin de l'âge,
C'est courir un certain danger,
Qu'on doit craindre quand on est sage.
Il faut être alerte et dispos
Auprès d'une jeune compagne ;
Car, si l'himen reste en repos,
L'amour entre en campagne.

JULIE.

Elise, au gré de ses désirs,
Veut briller à toutes les fêtes ;
Et compter au sein des plaisirs,
Chaque jour nouvelles conquêtes ;
Jamais au bal, à l'Opéra,
Son tendre époux ne l'accompagne ;
N'importe, c'est lui qui paiera
Les frais de la campagne.

BLAISE.

Chercher l'appui d'un protecteur
Qui voit déjà tourner la chance ;
Croire au zèle d'un procureur,
Qui ne s'endort qu'à l'audience ;
Penser que la fidélité
Du tendre hymen est la compagne,
Ah ! je le dis en vérité,
C'est battre la campagne.

SUZETTE (*au Public*).

A la ville, ainsi qu'à la cour,
Toujours on est prêt à se vendre ;
Et l'on fait payer chaque jour,
Le service qu'on veut vous rendre.
Ce n'est qu'à force de profit,
Qu'à Paris un valet se gagne ;
Mais un simple bravo suffit
Aux valets de campagne.

De l'Imprimerie de HOCQUET et Compagnie, rue du Faubourg Montmartre, N. 4.